BEI GRIN MACHT SICH IHR WISSEN BEZAHLT

- Wir veröffentlichen Ihre Hausarbeit, Bachelor- und Masterarbeit

- Ihr eigenes eBook und Buch - weltweit in allen wichtigen Shops

- Verdienen Sie an jedem Verkauf

Jetzt bei www.GRIN.com hochladen und kostenlos publizieren

Sucht und Komorbidität Psychose

E. Theisen

Bibliografische Information der Deutschen Nationalbibliothek:

Die Deutsche Nationalbibliothek verzeichnet diese Publikation in der Deutschen Nationalbibliografie; detaillierte bibliografische Daten sind im Internet über http://dnb.d-nb.de abrufbar.

ISBN: 9783389096345
Dieses Buch ist auch als E-Book erhältlich.

© GRIN Publishing GmbH
Trappentreustraße 1
80339 München

Alle Rechte vorbehalten

Druck und Bindung: Books on Demand GmbH, Norderstedt Germany
Gedruckt auf säurefreiem Papier aus verantwortungsvollen Quellen

Das vorliegende Werk wurde sorgfältig erarbeitet. Dennoch übernehmen Autoren und Verlag für die Richtigkeit von Angaben, Hinweisen, Links und Ratschlägen sowie eventuelle Druckfehler keine Haftung.

Das Buch bei GRIN: https://www.grin.com/document/1524569

Inhalt

I. Werkstück II – Ausarbeitung zum Thema Sucht und Komorbidität Psychose 8

Teil A – Sucht 8

1. Krankheitsbild und Symptomatik 8
1.1. Stoffgebundene und nicht stoffgebundene Abhängigkeit 8
2. Prävalenz und Krankheitsverlauf am Beispiel des Alkoholismus 9
3. Risikofaktoren und Komorbiditäten 10
4. Psychodynamische Zugänge 11
5. Suchttherapie 14
6. Fallbeispiel – Kommentierung eines Filmbeitrags zum Thema Sucht 16

Teil B – Psychosen, u. a. drogeninduzierte Psychosen 18

7. Krankheitsbild, Symptomatik, ICD-10 18
8. Prävalenz und Krankheitsverlauf am Beispiel der drogeninduzierten Psychose 18
9. Psychodynamische Zugänge 19
10. Therapiegestaltung 19

Literaturverzeichnis 21

Internetquellen 21

I. Werkstück II – Ausarbeitung zum Thema Sucht und Komorbidität Psychose

Teil A – Sucht

1. Krankheitsbild und Symptomatik

Die Abhängigkeit zeigt sich vor allem im suchtartigen Verlangen, im Kontrollverlust und in schwerwiegenden Folgen für die Gesundheit und/oder im sozialen Bereich, die für die Befriedigung in Kauf genommen werden. Die Weltgesundheitsorganisation hat den Suchtbegriff im Jahre 1963 aufgegeben und durch die Bezeichnungen Missbrauch und Abhängigkeit ersetzt.

Das Missbrauchskonzept wurde danach in vier Klassen des Gebrauchs ersetzt:

- Unerlaubter Gebrauch – von der Gesellschaft nicht toleriert
- Gefährlicher Gebrauch – schädliche Folgen
- Dysfunktionaler Gebrauch – negative Folgen für Psyche und soziale Anforderungen
- Schädlicher Gebrauch – wenn bereits psychische, somatische oder soziale Folgen bestehen

Bei der Abhängigkeit wird zwischen der psychischen und der körperlichen Abhängigkeit unterschieden. Es wird ebenfalls zwischen stoffgebundener und nicht stoffgebundener Abhängigkeit unterschieden. Gerade die stoffgebundenen Abhängigkeit ist das Arbeitsgebiet der Psychiatrie. [1]

1.1. Stoffgebundene und nicht stoffgebundene Abhängigkeit

Tatsächlich ist der Konsum von Stoffen, welche eine „angenehme" Wirkung auf den Körper haben, weit verbreitet. Hierunter fallen zum Beispiel Rauchen, Trinken und Tabletteneinnahme. Diese Abhängigkeit wird von der Gesellschaft mitunter legitimiert und geduldet. Die Einnahme von Medikamenten ist sogar unter Einhaltung bestimmter Regeln als medizinische Maßnahme ein gewünschtes soziales Verhalten. Aber auch Alkohol und Drogen werden mitunter in verschiedenen Kulturen mehr oder weniger toleriert. Missbrauch und Abhängigkeit von psychotropen Substanzen und Medikamenten sind sogar außerordentlich häufig. Die häufigsten und bekanntesten Suchtmitteln sind hierbei Nikotin, Koffein, Alkohol und Benzos (Benzodiazepine). Alkoholismus ist als Krankheit tatsächlich am häufigsten. Rund 3% der Bevölkerung sind alkoholabhängig.

Der ICD-10 unterscheidet zwischen schädlichem Gebrauch und Abhängigkeit. Der schädliche Gebrauch liegt vor, wenn ein Substanzmissbrauch zu körperlichen, psychischen oder Verhaltensproblemen führt und/oder negative Konsequenzen in sozialen Beziehungen hat.

---

[1] Vgl. Ermann 2020: 351f.

Die Abhängigkeit ist dadurch gekennzeichnet, dass der Konsum bereits zwanghaft für den Abhängigen ist und dieser nur noch über eine verminderte Kontrolle verfügt oder gar einen kompletten Kontrollverlust erleidet.

Die nicht stoffgebundene Abhängigkeit findet in den letzten Jahrzehnten immer mehr Verbreitung. Während in der Vergangenheit eher das pathologische Glücksspiel mit Karten, Roulette oder ähnlichem eher der Prototyp für die nicht stoffgebundenen Abhängigkeit war, sind es nun eher die zeitgemäßen, technischen Formen, die in den Vordergrund rücken. Die nicht stoffgebundenen Abhängigkeit ist eine rein psychische Abhängigkeit, welche sich vor allem in Verhaltensstörungen äußert. Zum Beispiel durch die Zunahme der Häufigkeit und Dauer der Tätigkeit, die Störung der Impulskontrolle (verbale, aber auch non-verbale Aggressionen, wenn etwas nicht so läuft wie man es wünscht). Alles dreht sich nur noch um das Game oder ähnliches.

Das Abhängigkeitsverhalten entwickelt sich stufenweise:
- Zuerst stellt sich ein übertriebenes, einseitiges Interesse an einer Tätigkeit, einem Game dar. Dies ist das erste, das Gefährdungsstadium.
- Im anschließenden kritischen Missbrauchsstadium kommt es bereits zum Kontroll- und Realitätsverlust.
- Im letzten Stadium, dem chronischen Abhängigkeitsstadium sind die negativen Folgen für den Betroffenen erkennbar und werden dennoch in Kauf genommen.

Die häufigsten nicht stoffgebundenen Abhängigkeiten sind die Glücksspielsucht, die Arbeitssucht, die Sexsucht und die Mediensucht (Internetsucht).[2]

2. Prävalenz und Krankheitsverlauf am Beispiel des Alkoholismus

Der Alkoholkonsum wird in Deutschland häufig verharmlost. Klare Merkmale für eine Alkoholabhängigkeit zeigen sich unter anderem durch ein starkes Verlangen bei den Betroffenen und den möglichen Verlust, den Konsum zu kontrollieren. Der epidemiologische Suchtsurvey (ESA) ergab im Jahr 2018, dass in Deutschland schätzungsweise 4,5 Prozent der Männer und 1,7 Prozent der Frauen im Alter zwischen 18 und 64 Jahren von einer Alkoholabhängigkeit betroffen waren.[3]

Der übermäßige Alkoholkonsum, auch Alkoholmissbrauch (ICD-10: F10.1) ist durch ein nicht kontrollierbares Verlangen nach Alkohol gekennzeichnet. Der dadurch entstehende, regelmäßige Konsum kann zu Gesundheitsschädigungen führen und wird dennoch von den Betroffenen meist fortgesetzt. Es ist den Betroffenen nicht möglich, auf die psychische Wirkung des

---

[2] Vgl. Ermann 2020: 352ff.
[3] Vgl. https://www.stiftung-gesundheitswissen.de/wissen/risikofaktor-alkohol/abhaengigkeit#:~:text=Sch%C3%A4tzungsweise%20waren%20im%20Jahr%202018,in%20Deutschland%20in%20dieser%20Altersklasse.

Alkoholkonsums zu verzichten. So kann es passieren, dass der Alkoholkonsum genutzt wird, um leistungsfähig zu bleiben, oder um eine gute Laune zu begünstigen, oder um Ängste zu verdrängen. Dies kann neben der körperlichen Beeinträchtigung, wie zum Beispiel Leberschäden, auch psychische und soziale Probleme mit sich bringen. Die Betroffenen leiden unter Depressionen und/oder familiären Problemen bis hin zum möglichen Arbeitsplatzverlust. Der Alkoholmissbrauch führt über die Gewöhnung hin zur psychischen Abhängigkeit. Die hierdurch angebahnten, neurobiologischen Prozesse führen dann zu einer körperlichen Abhängigkeit und dem Bedürfnis, täglich Alkohol trinken zu wollen.[4]

Jellinek (1960) und Feuerlein (1989) unterschieden sechs Arten des Trinkens:

Alpha-Typ (Konflikttrinker): psychisch abhängig, jedoch ohne Kontrollverlust

Beta-Typ (Gelegenheitstrinker): nicht abhängig, kein Kontrollverlust

Gamma-Typ (süchtiger Trinker): psychisch und später körperlich abhängig, Kontrollverlust, aber abstinenzfähig

Delta-Typ (Spiegel- oder Gewohnheitstrinker): psychisch abhängig, kein Kontrollverlust, nicht abstinenzfähig

Epsilon-Typ (episodischer Vieltrinker): psychisch abhängig, Kontrollverlust, abstinenzfähig

Gamma-Delta-Mischtyp[5]

Die Alkoholabhängigkeit (ICD-10: F10.2) wird auch chronischer Alkoholismus genannt. Diese Abhängigkeit ist durch verschiedene Merkmale, wie zum Beispiel einem unbeherrschbarem Verlangen, dem Kontrollverlust und psychische wie auch körperliche Symptome gekennzeichnet. Die Alkoholabhängigkeit verläuft fortschreitend und progressiv. Gefahren und Folgen der Alkoholabhängigkeit können ein psychischer Verfall aber auch organische Schäden und hirnorganische Störungen (Beispiel drogeninduzierte Psychose) sein.[6]

3. Risikofaktoren und Komorbiditäten

Die Entstehung von Abhängigkeitsverhalten wird als multifaktorieller Prozess, indem psychodynamische Faktoren mit einer Vielzahl anderer Faktoren in einem psychosozio-psychologischen Gesamtgeschehen zusammenwirken, verstanden. Mögliche Risikofaktoren der Abhängigkeitsentwicklung können gemäß Ermann (2020) folgende sein:

---

[4] Vgl. Ermann 2020:353.
[5] Feuerlein (1989) / Jellinek (1960).
[6] Vgl. Ermann 2020:354.

- Psychodynamische Faktoren, bei denen das Abhängigkeitsverhalten als Stabilisator bei struktureller Ichschwäche dient
- Lernpsychologische Faktoren, bei denen das Abhängigkeitsverhalten durch die entspannende und anregende Wirkung des Konsums konditioniert wurde
- soziale Situation als Faktor, um den Rückzug vor sozialen Auseinandersetzungen durch Passivität entgegenzuwirken
- die Verfügbarkeit von Suchtmitteln als möglicher Risikofaktor
- kulturelle und familiäre Normen können zum Beispiel durch schlechte Vorbilder ein Risikofaktor darstellen
- neurobiologische Faktoren, bei denen die impulskontrollierende Regulation gestört ist
- genetische Disposition als Risikofaktor, bei der die Erbfaktoren eine Rolle zum Beispiel über die individuelle Alkoholtoleranz entscheidet.[7]

Psychische Störungen treten bei Suchterkrankungen häufig komorbide auf. Tatsächlich ist hierbei eher von der Regel, anstatt einer Ausnahme zu sprechen. Es ist davon auszugehen, dass bei einer Suchterkrankung mit hoher Wahrscheinlichkeit mindestens eine weitere psychische Störung zu finden ist.[8] Die Komorbiditäten bei einer Suchterkrankung können sich in körperlich und psychisch unterscheiden. Zu den körperlichen Komorbiditäten zählen, wie bereits in vorangegangenen Kapiteln erwähnt, unter anderem die Fettleber aber auch Herz-Kreislauf-Erkrankungen. Bei den psychischen Komorbiditäten sind im Zusammenhang mit einer Abhängigkeitserkrankung neben Depressionen auch Angst- und Panikstörungen, Persönlichkeitsstörungen oder auch psychotische Störungen zu benennen.[9] Im Teil B dieses Portfolio wird die (drogeninduzierte) Psychose als Komorbidität der Suchterkrankung näher beleuchtet.

4. Psychodynamische Zugänge

Die Psychoanalyse bezeichnet die Sucht als psychisch motiviertes Phänomen. Freud und Abraham gingen davon aus, dass eine triebhafte Maßlosigkeit, welche zu Suchtverhalten führt, in den Beweggründen und psychischen Kräfteverhältnissen im Inneren der Betroffenen zu finden sind. Freud erklärte Sucht als Ersatz des mangelnden Sexualgenusses. Daher stellte er das zwanghafte Masturbieren zu Beginn der Suchtreihe. Einen besonderen Zusammenhang sah Freud dann zu späterer Zeit zwischen dem lustvollen kindlichen Lutschen und Saugen und dem lustvollen Trinken und berauscht sein im Erwachsenenalter. Abraham benannte das Suchtverhalten des Betroffenen als Verschiebung der Lust vom Sexualakt hin zum Exzess als

---

[7] Vgl. Ermann 2020:358f.
[8] Vgl. Lüdecke/Sachsse/Faure (2010):11f.
[9] Vgl. https://www.mywaybettyford.de/suchtkompendium/komorbiditaet-und-sucht/

Vorlust. Dabei soll sich der Betroffene von der Sexualität abwenden und im Rausch des Alkohols die Enthemmung als Stärke empfinden. [10]
Neurobiologisch wird das Abhängigkeitsverhalten durch die zerebrale Dysfunktion (Euphorie und Kontrollverlust) konditioniert. Das Abhängigkeitsverhalten wird als Substitut für Defizite im Selbsterleben beziehungsweise als Stabilisator bei struktureller Ich-Schwäche verstanden. Es dient der Verminderung von innerer Anspannung. Hierbei spielen häufig quälende Gefühle der inneren Leere, der Sinnlosigkeit und die damit verbundenen Ängste, Enttäuschungen und Sorgen eine Rolle. Durch die stoffgebundenen oder nicht stoffgebundenen Abhängigkeit ersetzt der Betroffene diese innere Anspannung durch Entspannung und Euphorie. Dadurch wird die Suchtspirale in Gang gesetzt. Über die Gewöhnung, den Missbrauch und die Abhängigkeit bis hin zur sozialen Isolation führt diese immer wieder zu neuen Spannungen. Diese neuen Spannungen werden dann wieder durch den Suchtmittelkonsum betäubt. Da diesen Spannungen, Ängsten und Konflikten vielfältige psychodynamische Wurzel zugrunde liegen, lässt sich kein einheitlicher Persönlichkeitstyp definieren. Dies führt dazu, dass entwicklungsdiagnostisch alle Strukturniveaus erscheinen. Eine präödipale narzisstische oder depressive Pathologie fördert demnach das Gelegenheitstrinken und/oder sozialen Drogenkonsum. Die Borderline-Persönlichkeitsstörung hingegen stellt eine besondere Gefährdung für chronifizierende Abhängigkeitsstörungen dar. Bei der psychologisch verstandenen Pathogenese von Suchterkrankungen werden Abwehr- und Bewältigungsstrategien beim Abhängigkeitsverhalten wirksam. Suchtpatienten begegnen ihren Problemen passiv, anstatt sie aktiv anzugehen. Durch das Suchtverhalten fliehen diese in eine Phantasiewelt, welche von Größenfantasien und Allmachtsdenken beherrscht wird. Diese scheinbare Realisierung von Problemen wird durch die toxische Wirkung der Suchtmittel begünstigt. Durch das Euphorisieren wird der Kontrollverlust gefördert, wodurch die erwünschte Wirkung gesteigert wird. Dies führt unweigerlich zur Konditionierung und mündet schließlich in die chronische Abhängigkeit. Die äußere Realität stellt gerade für die präödipal narzisstischen und Borderline-Persönlichkeiten eine großes Hindernis dar. Auf dem mittleren Strukturniveau wird die Entspannung, welche das verlorene Selbstobjekt nicht mehr herstellen kann, durch das Abhängigkeitsverhalten kompensiert. Auf niederem Strukturniveau verhält es sich hingegen so, dass im Rahmen affektive Spannungszustände, wie man sie von der borderlinespezifischen Entwicklungspathologie kennt, durch den Einsatz des Suchtverhaltens abgewendet werden. Dabei geht es nicht um die Omnipotenz und Unabhängigkeit, sondern viel eher darum, sich selbst als Ganzes zu spüren und die bedrohte Ichgrenzen zu stabilisieren.[11] Die prämorbide Basis einer Suchtentwicklung basiert auf mehreren Arten von Persönlichkeitsstrukturen. Da Sucht häufig im Zusammenhang mit Angst- und

---

[10] Vgl. Voigtel (2015):12f.
[11] Vgl. Ermann (2020):358ff.

Zwangssymptomatik, aber auch mit Depressionen oder narzisstischen Persönlichkeitsstörungen auftritt, versuchte Rost (1987), ein integriertes psychodynamisches Modell der Sucht zu entwickeln. Dabei unterscheidet er zwischen drei Typen:
- dem psychisch eingegrenzten Suchtmittelgebrauch, bei dem die Droge systematisch zum Beispiel, um starke Triebhemmung in den Bereichen Sexualität und Aggression zu lockern, eingesetzt wird
- dem betäubenden Suchtmittelgebrauch, um das Fehlen von Fähigkeiten oder auch innere Leere zu überspielen
- dem, durch Selbsthass und Minderwertigkeitsgefühlen bestimmten Suchtmittelgebrauch

Auch Rascovsky (1997) trifft ähnliche Unterscheidungen wie Rost. Für ihn gibt es die Betroffenen, die Suchtmittel zur Erleichterung in Bezug eines überzogenen Ich-Ideals und eines strikten Über-Ichs konsumieren. Die, die Suchtmittel verwenden, um einen Rückzug in die innere Welt zu erlangen und die letzte Gruppe, welche die Suchtmittel nutzt, um die Abnahme sämtlicher lebendiger Spannungen bis hin zur völligen Leere zu bewirken. Um nun jedoch eine einheitliche Modellvorstellung zu erlangen ist es dienlich, auf die verschiedenen Bezeichnungen der unterschiedlichen Autoren aufzubauen. Dabei tritt als erstes die Initialverstimmung auf. Diese wird durch tiefe Gefühle der Selbstwertlosigkeit und Anteilen von Selbsthass geprägt. Der Suchtmittelgebrauch dient nicht der Steigerung der eigenständigen Lust, sondern eher der Bekämpfung eben dieser und hebt sich somit vollständig von dem genussorientierten Gebrauch ab. Aber auch nicht stoffgebundene Süchte, wie zum Beispiel das pathologische Glücksspiel können durch die Funktion der Verstimmungsbekämpfung hierbei ins Auge gefasst werden, denn es zeigt, dass es bei einem Suchtmittel nicht ausschließlich um die biochemische Wirkung, sondern um die psychologische Wirkung geht. Das führt auch zu der Erkenntnis, dass es nicht zwingend eines Rausches bedarf, um eine Initialverstimmung zu untergraben. Es reicht bereits aus, den Pegel zu halten, um aus dem Suchtmittel eine Art Beruhigung oder Schutzgefühl zu beziehen. Auch die Transsubstantiation ist ein weiterer Bestandteil der psychischen Suchtstruktur. Betrachtet man die Primärobjekt-Kind-Beziehung von manchen Betroffenen so liegt die Annahme nah, dass diese die Erfahrungen durch das Abgeben aller Initiativen, welche zur Versorgung dienen, an ein allmächtiges Objekt in der Kindheit ebenso gegenüber der Wirkung des Suchtmittels externalisiert haben. Es ist jedoch zu beachten, dass das Beseitigen von unerwünschten Affekten oder Vorstellungen nicht zwingend suchtspezifisch, sondern ebenfalls einen allgemeinen Abwehrmechanismus darstellt. Auch bei Depressionen oder Manie findet sich Selbsthass, verleugnende Euphorie und das Ästimieren von nicht belebten Gegenständen, wie zum Beispiel bei den Perversionen oder beim Messiesyndrom, wieder. Eine abhängige Persönlichkeitsstörung wird auch durch die Passivität des Ichs und die Abgabe von Verantwortung gekennzeichnet und ist somit nicht zwingend suchtspezifisch. Sucht kann erst als eigenständiges, psychisches Geschehen erklärt werden, wenn all diese Bestandteile eine sinnvolle Einheit bilden.[12]

5. Suchttherapie

Die Behandlung von Abhängigkeitserkrankungen erfordert eine umfassende und gestufte Behandlung. Zunächst soll durch den körperlichen Entzug die Basis und Motivation für die anschließende Entwöhnungsbehandlung geschaffen werden. Auch die psychotherapeutische Nachbehandlung ist nach dem körperlichen Entzug denkbar. Bei der Entzugstherapie kommen im Wesentlichen Substitute zum Einsatz, zum Beispiel Medikamente, wie Morphin, Neuroleptika und Benzodiazepine. Begleitet wird dieser Entzug durch Ergo- und Physiotherapie. Bei der anschließenden Entwöhnungsbehandlung kommen psychodynamische oder verhaltenstherapeutische Psychotherapie, Angehörigengespräche und Soziotherapie zum Einsatz. Die ambulante Behandlung kommt als primäre Behandlung bei Sucht- und Abhängigkeitserkrankungen eher nicht in Betracht. Ist jedoch bereits durch eine Suchttherapie eine Abstinenz erreicht worden, ist die ambulante Folgebehandlung meistens unerlässlich. In leichteren Fällen, zum Beispiel im Stadium des Missbrauchs, sind ambulante Behandlungen primär zu erwägen. Meistens handelt es sich bei dem Missbrauch um eine Komorbidität und nicht um das zentrale Problem, sondern um eine Folge einer anderen psychischen Störung.[13] Für jede Therapie ist das Setzen von Zielen unerlässlich. Mögliche Ziele können hierbei das Erreichen einer Abstinenz, eine Funktionsverbesserung, die Bearbeitung zugrundeliegender Probleme aber auch die Verbesserung der Selbstwahrnehmung und des Selbstwerterlebens sein. Das Suchtmittel ist in der akuten Phase charakteristisch als Liebesobjekt, welches zu raumeinnehmend ist, um eine tragfähige therapeutische Beziehung aufzubauen, zu betrachten. Daher steht bei der stationären Behandlung von Abhängigkeitserkrankungen die Entgiftung und anschließende Entwöhnung an erster Stelle und bildet die Basis für weitere Behandlungsschritte. In der Anfangsphase der stationären Therapie werden die Betroffenen zunächst eine optimierte Beziehung zum Therapeuten herstellen, so dass dieser für die Betroffenen die Ersatzdoge darstellt. Es ist wichtig, dass das therapeutische Team für korrespondierende Gegenübertragungen sensibilisiert wird, damit es in nachlassenden Phasen nicht ähnlich realitätsverkennend agiert, wie es bei den Betroffenen der Fall ist. Es sollte eine angemessene Einstellung zur Realität in den Teambesprechungen vermittelt werden. Gerade eine Rückfälligkeit bei den Betroffenen kann beim Team schnell zu vernichtender Aggression oder andererseits zu verharmlosender Verleugnung führen. Es ist zu beobachten, dass es in Suchttherapeutischen Kliniken zu einem

---

[12] Vgl. Voigtel (2015):27ff.
[13] Vgl. Ermann (2020):361-362.

stärkeren Zusammenhalt zwischen den Patienten und auch zu einer größeren Identifikation mit der Klinik als beispielsweise in psychosomatischen Kliniken kommt. Gerade diese Spaltungs- aber auch Polarisierungstendenzen führen dazu, dass eine Reflexion der Prozesse in Form einer Supervision in einer Suchtklinik für das Behandlungsteam unerlässlich ist.

Bei vielen Suchtkliniken steht während der Entwöhnungsphase die Gruppentherapie im Fokus. Dabei wird die Gruppe häufig als bemutternder Schutzraum erlebt, welcher von den Patienten bedingungslos angenommen wird. Die Patienten treten aus ihrer Individualität heraus und in das Gruppen-Wir hinein. Dies bietet die Möglichkeit, durch das narzisstische Gruppen-Selbst das eigene, mangelnde Selbstwerterleben auszugleichen. Dies birgt jedoch auch die Gefahr einer lebensbedrohenden Regression, welche durch die Angst vor zu großer Nähe und dem Verlust der eigenen Identität hervorgerufen werden kann.

Für eine ambulante Suchttherapie ist es notwendig, dass der entsprechende Therapeut über umfassendes Wissen über die Psychodynamik und Phänomenologie verfügt. Zusätzlich spielt das Setting hierbei eine größere Rolle als in der Psychotherapie anderer Patienten. Eine ambulante Therapie setzt voraus, dass die Patienten zumindest zeitweise in der Lage sind, abstinent zu sein. Eine ambulante Therapie ist auch dann möglich, wenn die Patienten zwar noch nicht suchtmittelfrei sind, jedoch bereits die ersten Schritte in Richtung Abstinenz unternommen haben. Eine Dauer von maximal zehn Behandlungsstunden ist hierbei ebenfalls zu beachten und sollte nicht überschritten werden müssen. Bei den ambulanten Therapien kommt es nicht selten zu Abbrüchen, da es den Betroffenen schwerfällt, sich auf die Übertragungsbeziehung einzulassen. Ist dies gelungen, zeigen sich die Patienten meist als sehr zuverlässig.[14]

Es ist wichtig, sich bei der psychoanalytischen Arbeit mit Suchterkrankten auf die aktivierende und strukturierte Arbeit zu beziehen und sich von der klassischen psychoanalytischen Technik und deren Zielsetzung zu distanzieren. Die klassische Psychoanalyse stellt die intensivste Form der ambulanten Psychotherapie dar. Regulär wird sie mit drei bis fünf Wochenstunden im Liegen durchgeführt. Dabei sollte sich der Analytiker passiv verhalten und wenig nachfragen, wodurch die Regression der Patienten gefördert werden soll. Im Fall der ambulanten Therapie mit Abhängigkeitserkrankten sind diese Prinzipien jedoch auf Sinnhaftigkeit zu prüfen. Aus psychoanalytischer Sicht wird die Suchterkrankung stets als Symptom einer fundierteren Störung verstanden. Sie zeigt sich als Abwehrformation oder Reaktionsbildung gegen Ängste, Depressionen oder Traumatisierungen, als drohende somatische oder psychotische Regression. Werden den Betroffenen nun ihrer Suchtmittel genommen, sind sie den zuvor durch Suchtmittel abgewehrten Affekten hilflos ausgesetzt. Viele Betroffene kommen erst durch diese psychischen und körperlichen Verschlechterung zur Erkenntnis, wie schlecht es ihnen wirklich ergangen ist. Daher sollte die ambulante analytische Therapie immer an der

---

[14] Vgl. Subkowski (2018):428ff.

Grundstörung ansetzen, welche die Sucht hervorgebracht hat. Sie stellt eine Therapie der Grundstörung unter Berücksichtigung des Symptoms Sucht dar. [15] Freuds oft zitierter Passus aus dem Jahre 1919 stellt eine große Relevanz für die heutige Suchttherapie dar: „Dann wird sich für uns die Aufgabe ergeben, unsere Technik den neuen Bedingungen anzupassen. […] Wir werden auch sehr wahrscheinlich genötigt sein, in der Massenanwendung unserer Therapie das reine Gold der Analyse reichlich mit dem Kupfer der direkten Suggestion zu legieren. […] Aber wie immer sich auch diese Psychotherapie fürs Volk gestalten, aus welchen Elementen sie sich zusammensetzen mag, ihre wirksamsten und wichtigsten Bestandteile werden gewiss die bleiben, die von der strengen, der tendenzlosen Psychoanalyse entlehnt worden sind."[16]

Bei der Suchttherapie sollte übermäßige Regression vermieden und vermehrt mit den gesunden Anteilen gearbeitet werden. Auch eine aktive Technik durch Interventionen, Nachfragen und dem Spiegeln und Benennen von Gefühlen sollte berücksichtigt werden. Statt des üblichen Settings im Liegen sollte ein Setting im Sitzen bevorzugt werden, damit die Patienten die Reaktionen und Gefühle des Therapeuten wahrnehmen können. Der Rückfall der Betroffenen gehört nach Rost (2009) zur Therapie dazu, da sich die Sucht als Symptom nicht verbieten lässt. Eher sollte er als Konflikt in der analytischen Beziehung verstanden werden, welcher die Bearbeitung erst ermöglicht. Es ist daher in der ambulanten Therapie nicht förderlich, bei einem Rückfall mit Sanktionen, wie sie in der stationären Therapie häufig Anwendung finden, zu drohen. Rost (2009) legt jeder Suchterkrankung immer eine Beziehungsstörung zugrunde. Daher ist es von Bedeutung, dass die Patienten eine möglichst langfristige therapeutische Beziehung erfahren.[17]

6. Fallbeispiel – Kommentierung eines Filmbeitrags zum Thema Sucht
https://youtu.be/-XEOL0IsTGk

In diesem Beitrag berichtet ein Betroffener von seinen Erfahrungen mit der Alkoholabhängigkeit. Zunächst geht er in der Reportage auf sein Trinkverhalten ein und beleuchtet, wie sich der Konsum bezüglich der Menge und auch des Alkoholgehaltes steigerte. Bewusst ist ihm sein Alkoholproblem bereits vor zehn Jahren, aber es wurde stets als Gesellschaftsdroge bagatellisiert. Nachdem er sich intensiver mit der Abhängigkeitserkrankung auseinandersetzte, fiel ihm auf, dass es sich bereits um eine Abhängigkeitserkrankung handelt. Er begann damit, sich Regeln aufzustellen. Diese bestanden zum Beispiel daraus, nur abends Alkohol zu

---

[15] Vgl. Rost (2009):67ff.
[16] Freud (1919a [1918]):192ff.
[17] Vgl. Rost (2009):74.

konsumieren oder auch mal mehrere Tage nicht zu trinken. Nach geraumer Zeit beschließt er, ganz mit dem Trinken aufzuhören. Er versucht dies alleine durch Disziplin und Willenskraft zu schaffen und nennt sich selbst dabei „Mentale Sau", da er so hart zu sich selbst war. Durch Sport und Selbstdisziplin hat es der Betroffene geschafft, monatelang abstinent zu sein. Doch dann wurde er wieder Rückfällig. Er erkennt für sich die Bedeutung des funktionellen Alkoholikers und geht davon aus, dass nur sehr wenig Menschen in seinem Umfeld ihn zur damaligen Zeit als Alkoholiker bezeichnet hätten. Schließlich führte er ein eigenes Unternehmen und spielt den Alkoholkonsum nach außen hin ziemlich runter. Er beschreibt in dem Beitrag den inneren Druck, den die Sucht mit sich bringt. Seine Leistungsfähigkeit entwickelte sich erst zu den frühen Nachmittagsstunden. In der Anfangszeit genehmigt er sich bereits ab 16-17 Uhr das erste Glas Wein. In der weiterentwickelten Phase genehmigt er sich bereits nach dem Aufstehen einen Schnaps, um seine Leistungsfähigkeit zu gewährleisten. Als Grund für den übermäßigen Alkoholkonsum benennt der Betroffene ein geringes Selbstwertgefühl. Durch den Alkohol hat er sich stark und überlegen gefühlt. Auf die Frage, wie der Alkohol ihn verändert hat, antwortet der Betroffene, dass ihn der Alkohol abwesender gemacht habe und auch sein Umfeld gar nicht richtig wahrgenommen habe. Auch vermehrte Aggressionen sind dem Betroffenen bei sich selbst aufgefallen. Ein sehr prägendes Erlebnis unter Alkoholeinfluss war für den Betroffenen ein exzessiver Streit mit seiner Frau, welcher über Stunden hinweg währte und völlig eskaliert ist. Dies war der Schlüsselmoment, bei dem der Betroffene für sich erkannt hat, dass es ohne Hilfe nicht funktionieren wird. Er betont jedoch, dass es keine Entscheidung seinerseits war, sondern viel mehr eine innere Klarheit über die Folgen, wenn er nicht aufhört. Durch innere Einkehr in Craving-Situationen nimmt sich der Betroffene den Druck, Alkohol zu konsumieren. Dabei erkennt er, dass es sich bei dem eigentlichen Problem um sein geringes Selbstwertgefühl handelt und die Sucht als Symptom aufgetreten ist. Heute fällt es ihm nach eigenen Angaben leicht, auf Alkohol zu verzichten. Auch wenn andere in seiner Umgebung trinken, verspürt er keinen Druck. Er benennt, dass ihm klar ist, wo er herkommt und dass er dort nie wieder hin zurückwill. Bei dem Gedanken erscheint ihm dann der Wunsch, ein Glas Wein zu trinken, als sehr sehr dumm. Als Tipp für alle, die mit dem Trinken aufhören möchten, gibt der Betroffene an, dass es wichtig ist auch mal zu akzeptieren, dass man nicht immer der tolle Hecht ist. Es gibt Dinge an einem, die man nicht gerne hat oder nicht gerne beleuchten will, aber es ist wichtig, eben auch damit zurecht zu kommen und die Dinge zu akzeptieren.

Teil B – Psychosen, u. a. drogeninduzierte Psychosen

„Ich ist ein Anderer"[18]

In diesem Teil des Portfolio werde ich die psychotische Störung als Differenzialdiagnose zur Abhängigkeitserkrankung darstellen und am Beispiel der drogeninduzierten Psychose näher beleuchten.

7. Krankheitsbild, Symptomatik, ICD-10

Die Psychose als Überbegriff für verschiedene psychische Störungen hat beim Betroffenen Einfluss auf das Denken, die Wahrnehmung und das Verhalten und kann zu zeitweisem Verlust des Realitätsbezuges führen. Bei dem Krankheitsbild wird zwischen einer Positivsymptomatik und Negativsymptomatik unterschieden. Zu der Positivsymptomatik gehören neben Halluzinationen und Wahnvorstellungen auch Ich-Störungen. Zu der Negativsymptomatik gehören Antriebsarmut, sozialer Rückzug und eine Affektverflachung. Die Denkstörung wird als kognitives Defizit bezeichnet. Die Psychosen lassen sich ebenfalls in verschiedene Arten unterteilen. Zum einen die organische Psychose, welche sich durch eine Hirnverletzung, eine Schilddrüsenstörung, einem Delirium oder organische Halluzinosen erklären lässt. Auch die drogeninduzierte Psychose gehört zu der Art der organischen Psychose. Nichtorganische Psychosen sind zum Beispiel schizophrene Psychosen oder affektive Psychosen. Der ICD-10 hat als Klassifizierungssystem die Kommunikation über psychotische Störungen stark verbessert. In eben diesem werden die operationalisierten Kriterien für die Einteilung von Psychosen in Gruppe F2 dargestellt. Zu diesen gehören die schizophrenen, schizoaffektiven, schizotypen, anhaltend wahnhaften, akute vorübergehende und einige andere psychotische Störungen.[19]

8. Prävalenz und Krankheitsverlauf am Beispiel der drogeninduzierten Psychose

Die Doppeldiagnose Sucht und schizophrene Erkrankung tritt heutzutage relativ häufig auf. Es ist davon auszugehen, dass fast die Hälfte der schizophrenen Patienten, also knapp 47 Prozent, auch an einer Abhängigkeitserkrankung leiden und umgekehrt fast 10,6 Prozent der Abhängigkeitserkrankten sind ebenfalls schizophrene Patienten.[20] Der Verlauf einer schizophrenen Störung weist einen auffälligen Geschlechtsunterschied auf. So beginnen die Symptome bei Männern meist zwischen der Adoleszenz und dem 25. Lebensjahr. Frauen hingegen beginnen erst später im jungen Erwachsenenalter mit der Symptombildung und erleben um die

---

[18] Arthur Rimbaud (1871).
[19] Vgl. Dümpelmann/Spitzer (2018):386f.
[20] Vgl. Chambers/Krystal/Self (2001):71ff.

Menopause herum einen zweiten Häufigkeitsgipfel.[21] Bereits ein einmaliger Drogenkonsum kann bereits ernsthafte psychische Schäden, wie zum Beispiel eine drogeninduzierte Psychose, mit sich bringen. Diese substanzinduzierte, exogene psychotische Störung unterscheidet sich von einer organischen oder auch endogenen Erkrankung aus dem psychotischen Formenkreis, da diese auf den Drogenkonsum zurückzuführen ist. Bei der Diagnose einer drogeninduzierten Psychose ist es wichtig im Vorfeld andere Krankheitsbilder systematisch auszuschließen. Dabei ist es ebenso erforderlich zwischen einer exogenen und einer endogenen Psychose zu unterscheiden und zu wissen, welche psychoaktiven Substanzen konsumiert wurden. Dies ist ausschlaggebend für die passende Therapie.[22]

9. Psychodynamische Zugänge

Psychodynamisch werden die Symptome der Psychose als Anpassungsversuch bewertet und der Fokus auf die Funktionalität, Bedeutung von Beziehungen und sozialen Interaktionen, dimensionale Ausprägung und prozedurale Kodierung von Kontingenten gelegt. Dies dient dazu, ein Verständnis für die bewussten und unbewussten Faktoren, die Ursachen und die Bedeutung der Symptomatik zu entwickeln. Dabei richtet sich der psychodynamische Ansatz nach dem Wie und Wann der Psychose und deren Funktion. Traditionelle psychodynamische Ansätze sind hierbei das Konflikt-Abwehrkonzept, bei dem die Psychose als Folge einer Konfliktabwehr verstanden wird. Beim ichpsychologischen Konzeptwird die Psychose als Folge einer angeborenen oder später erworbenen Ichschwäche interpretiert. Bei der objektbeziehungstheoretischen Konzeptionierung zeichnet sich die Psychose als Folge einer Störung der basalen Beziehung ab, bei der es zu einer Defizienz der Selbst- und Objektrepräsentanzen kommt. Bei dem selbstpsychologischen Konzept wird die Psychose als Folge des Verlustes der Selbstkohärenz verstanden.[23]

10. Therapiegestaltung

Bei der Therapie einer Psychose ist es wichtig, das Umfeld, die Angehörigen mit einzubeziehen. Innerhalb der ersten 48 Stunden ist ein Krisengespräch ratsam und die ambulante Hilfe ist der stationären vorzuziehen. Dies liegt unter anderem daran, dass so eine wenig stigmatisierende Atmosphäre geschaffen werden kann. Der Therapeut sollte eine offene und beständige Haltung gegenüber der Patienten haben. Gerade beim Erstkontakt ist es wichtig, die

---

[21] Vgl. Dümpelmann/Spitzer (2018):387.
[22] Vgl. https://www.mywaybettyford.de/suchtkompendium/drogeninduzierte-psychose/#:~:text=Drogeninduzierte%20Psychose%3A%20alles%20Wichtige%20in%2030%20sec.&text=Symptomen%20sind%3A%20Halluzinationen%2C%20Wahnvorstellungen%2C,Amphetaminpsychose%20und%20die%20Cannabis%2DPsychose.
[23] Vgl. Mentzos (2017): 205f.

Daten nicht strikt nach Schema F zu erfassen. Die anfängliche Datenaufnahme sollte im besten Fall bereits der Beziehungsaufnahme dienen.[24] Den Patienten sollte offen dargelegt werden, dass sich manche Symptome im Laufe der Therapie schnell bessern können. Es besteht jedoch die Gefahr, dass manche Symptome nur schwer zu beeinflussen sind. Die jeweilige Therapiegestaltung richtet sich dann nach der Entstehungsursache der Psychose. Bei einer sekundären Psychose wird in der Regel die Grunderkrankung behandelt. Hierbei kann es sich, wie bereits dargestellt, um eine organische Psychose aufgrund eines Tumors oder einer Stoffwechselkrankheit handeln. Bei einer drogeninduzierten Psychose sollte auf Medikamente oder Drogen verzichtet werden oder ein kontrollierter Entzug stattfinden. Während der akuten Phase einer Psychose sind stützende psychotherapeutische Gespräche und kognitive Psychotherapieverfahren sehr wichtig. Hierbei geht es vorerst darum, die Reizüberflutung zu minimieren und tiefgründigen Ängsten entgegenzuwirken. Auch eine Teilnahme an einer Psychoedukationsgruppe kann den Verlauf der Therapie unterstützen und positiv beeinflussen. Losgelöst von der Ursache ist es auch möglich, eine Psychose medikamentös zu behandeln. Hierdurch werden die Symptome gelindert oder beseitigt. Die weitere Einnahme, auch wenn die Krankheitserscheinungen weitestgehend abgeklungen sind, verhindert den Rückfall einer Psychose. Bei den Antipsychotika wird zwischen zwei Arten unterschieden:

- Typische Antipsychotika
- Atypische Antipsychotika

Die neuentwickelten atypischen Antipsychotika erzeugen zwar weniger Nebenwirkungen auf die Körpermotorik, führen jedoch häufiger zu Stoffwechselnebenwirkungen.[25]

---

[24] Vgl. Bock (2020):108ff.
[25] Vgl. https://www.neurologen-und-psychiater-im-netz.org/psychiatrie-psychosomatik-psychotherapie/stoerungen-erkrankungen/psychosen/therapie/

Literaturverzeichnis

CHAMBERS R. A., KRYSTAL J. H., SELF D. W. (2001) A Neuribiological Basis for Substance Abuse Comorbidity. in Schizophrenia. In: Biological Psychiatry, Nr. 50: 71- 83

BOCK, T. (2020): Menschen mit Psychose-Erfahrung begleiten. Köln: Psychiatrie Verlag

DÜMPELMANN M./ SPITZER, C.: Psychotische Störungen. In: GUMZ, A./ HÖRZ-SAGSTETTER S. (HG.) (2018): Psychodynamische Psychotherapie in der Praxis, Weinheim: Beltz GmbH & Co. KG. 386-397

ERMANN, M. (2020): Psychotherapie und Psychosomatik. Ein Lehrbuch auf psychoanalytischer Grundlage (7. Überarbeitete Auflage), Stuttgart: Kohlhammer GmbH

FEUERLEIN, W. (1989): Alkoholismus – Mißbrauch und Abhängigkeit. Stuttgart: Thieme Verlag KG

FREUD, Sigmund (1919a 1918):): Wege der psychoanalytischen Therapie. GW XII, 183-194.

JELLINEK, E. M. (1960): The disease concept of alcoholism. New Brunswick: Hillhouse Press.

LÜDECKE, Ch. /SACHSSE, U. /FAURE, H. (2010): Sucht – Bindung – Trauma. Psychotherapie von Sucht und Traumafolgen im neurobiologischen Kontext, Stuttgart: Schattauer GmbH

MENTZOS, S. (2017): Lehrbuch der Psychodynamik. Die Funktion der Dysfunktionalität psychischer Störungen, Göttingen: Vandenhoeck & Ruprecht GmbH & Co. KG

ROST, W.-D.: Die ambulante Suchttherapie in der Praxis des Psychoanalytikers. In: BILITZA, K. W. (HG.) (2009): Psychotherapie der Sucht. Psychoanalytische Beiträge zur Praxis (2. Auflage), Göttingen: Vandenhoeck & Ruprecht GmbH & Co. KG. 67-79

SUBKOWSKI, P. (2018): Substanzmissbrauch und -abhängigkeit. In: GUMZ, A./ HÖRZ-SAGSTETTER S. (HG.) (2018): Psychodynamische Psychotherapie in der Praxis, Weinheim: Beltz GmbH & Co. KG. 425-434

VOIGTEL, R. (2015): Sucht, Gießen: Psychosozial-Verlag

Internetquellen

GAEBEL, W. /ZIELASEK, J. /RIECHER-RÖSSLER, A.: Psychose. Therapie und Behandlungsmöglichkeiten, Online im Internet: https://www.neurologen-und-psychiater-im-netz.org/psychiatrie-psychosomatik-psychotherapie/stoerungen-erkrankungen/psychosen/therapie/ [Stand: 15.07.2023]

STECKEL, A.: Risikofaktor Alkohol. Abhängigkeit, Online im Internet: https://www.stiftung-gesundheitswissen.de/wissen/risikofaktor-alkohol/abhaengigkeit#:~:text=Sch%C3%A4tzungsweise%20waren%20im%20Jahr%202018,in%20Deutschland%20in%20dieser%20Altersklasse [Stand: 14.07.2023]

Wissenschaftlicher Beirat der My Way Betty Ford Klinik: Komorbidität und Sucht, Online im Internet: https://www.mywaybettyford.de/suchtkompendium/komorbiditaet-und-sucht/ [Stand: 14.07.2023]

Wissenschaftlicher Beirat der My Way Betty Ford Klinik: Drogeninduzierte Psychose, Online im Internet: https://www.mywaybettyford.de/suchtkompendium/drogeninduzierte-psychose/#:~:text=Drogeninduzierte%20Psychose%3A%20alles%20Wichtige%20in%2030%20sec.&text=Symptomen%20sind%3A%20Halluzinationen%2C%20Wahnvorstellungen%2C,Amphetaminpsychose%20und%20die%20Cannabis%2DPsychose [Stand: 14.07.2023]

BEI GRIN MACHT SICH IHR WISSEN BEZAHLT

- Wir veröffentlichen Ihre Hausarbeit, Bachelor- und Masterarbeit
- Ihr eigenes eBook und Buch - weltweit in allen wichtigen Shops
- Verdienen Sie an jedem Verkauf

Jetzt bei www.GRIN.com hochladen und kostenlos publizieren